A LA DERIVA

EOLAS
ediciones

A LA DERIVA

Bartolomé Ferrando

A mi hija Irene.

a la deriva

sobre un paisaje reblandecido

caminas lentamente
por la superficie del deseo

una tromba
de viento

ha derribado el tiempo

mecánica del aire

danza sin ojos

caminas sin memoria

con una atención sin piel

cargado de niñez

con tu máquina tierna

escuchas la respiración del camino

flotando en el tiempo

hay nidos de sol
en el techo del paisaje

la música se ha quemado
y ya no se oye

a los ojos de la tierra
se asoman

ruidos repletos de ruidos

con sus vísceras mecánicas
y su habla en ruinas

atraviesas
un sueño carcomido

dividido en dos partes asimétricas

océano sin agua

flores de huesos

la línea de la voz se ha roto

y uno de sus hilos
dibuja una caligrafía perfecta

intersticio
lugar de apertura

con sus capas de recuerdos

y sus costras de luz

entre fragmentos de vida

la voz repta
y se esconde
en el interior de sí misma

raíz del deseo

voz soluble

que hiere el silencio
y lava el vacío

en la bodega del lenguaje

el día
cortado a rodajas

se desangra

espacio herido

allí
donde cada sonrisa
se abre con un color distinto

el vacío
con sus párpados huecos

abre su único ojo

vacío sin dientes

que se despedaza a sí mismo

naufragio del aire

el sueño está lleno de arrugas

y cuchillas de risa
lo deshacen en partículas muy pequeñas

sueño
recubierto de limaduras de silencio

las palabras se han desatado y caminan sueltas

suena a hueco

con tu voz cruda
desde el lado secreto del deseo

apedreas el centro del dolor

un dolor que se asoma

y que coses
con hilos de palabra

hay frases
rodeadas de sílabas rotas

que al rozarse entre sí
murmuran

en la orilla del camino

el invierno colgaba

de las ramas de un árbol

el silencio
te daba la mano

y te precipitaba en su vacío

era un silencio blando
ahogado en silencio

acostado en su propia infancia

que cambiaba de forma en todo momento

el paisaje
con sus intestinos al aire

mostraba su cara oculta

encuentro nubes
situadas demasiado tiempo en el mismo sitio

que se han enmohecido

espacio untado de frío

que se abre

con su sonrisa de alambre

cementerio metálico

el extremo del esfuerzo está desgastado

la repetición es una ausencia

ciertos colores ruinosos

que a duras penas respiran

están construyendo una superficie
sin forma alguna

colores abiertos en canal

alfabeto líquido

el poema

deshecho

se enfrenta a sí mismo

hay pieles de palabras

las de aquellas
que han dejado de jugar a esconderse

el peso del horizonte

hunde el paisaje

es un horizonte fósil

y lleno de cicatrices

sembrado de luz

bosque sin árboles

curiosidad sin forma

el lugar del extremo cambia en cada momento

una voz
llena de espinas

araña el día

espinas perpendiculares al espacio

que con sus hilos de frío

hieren el aire

voz
rodeada de adjetivos

que la van engordando poco a poco

voz
en cuyo interior

viven palabras fermentadas

golpeando el silencio con sus manos

criadero de gritos

encolados
a un gran pentagrama transparente

pentagrama de raíles musicales

sobre los que se desliza

música inclinada
y borracha de silencio

el espacio
se ha arrancado la memoria

y la ha dejado a un lado

de sus recuerdos apenas hilvanados

suenan sordos
los pliegues

a golpes de mudez

el nombre del espacio
no es el espacio

es sólo el espacio que ocupa
el nombre del espacio

en el alféizar del silencio

polvo de palabra

ligereza táctil

dobladillos de luz

el viento
que tiene manos portátiles

ha abierto de par en par
las puertas del lenguaje

es un viento
 que al mover las ramas de su árbol

se agrieta
y descompone

nadamos entre el lenguaje

por los surcos del lenguaje

a través de un lenguaje

cortado a trozos

el habla
ha fermentado

y ha comenzado
poco a poco
a desplazarse

lanzando sílabas y palabras por todas partes

hay paréntesis
que respiran sólo hacia adentro

y ahogan a las frases que viven en su interior

mientras otros
vueltos al revés
sonríen

allí
en aquel lugar

un pájaro

está desollando el cielo

los bordes del aire
se han oxidado

y el azar
tiene sus nervios desbocados

todas las orillas de la idea

están envueltas
en un papel muy ligero

idea

a la que recorres por sus calles y plazas

en su zarzal de tiempo

el poema
atraviesa la calle de parte a parte

la línea que traza
se ha incendiado

línea de palabras

que son

aplausos de los labios

relámpagos líquidos

chasquidos eléctricos

sobre un acantilado de luz

el sol
que ha dejado de ser obeso

absorbe la mañana

en un hoyo profundo

entierras todas las sombras encontradas

el frio
con su mirada paralítica

provoca brotes de afonía

hay voces que se abren

invisibles

tanto por delante
como por detrás

en el interior
de una memoria espesa

repleta de desechos

el pensamiento
se ha quedado enjaulado

y no puede moverse

pensamiento
que a duras penas

con sus múltiples dedos

secciona el habla en dos partes desiguales

el espacio que te rodea
apesta a equilibrio

el caos
al contrario
es todavía demasiado joven

equilibrio flotante
y próximo al derrumbe

vaivén de silencios

caen hojas de habla

con su vientre vacío

la herida del deseo
está cicatrizando

sobre un paisaje de vidrio

escrituras de aire

escamas de silencio

escritura extenuada

que dibuja una delgada línea de sombra

el instante
ha adelgazado tanto

que ya no tiene duración alguna

la fragilidad
se encuentra corroída

y apenas se puede doblar

el interior
del milímetro

está crudo

hay carne de letra

oculta en los nidos del lenguaje

sembrados en el territorio

habitan olores de alfabeto

el cartílago
del aire

se ha vuelto muy flexible

en el interior de un hoyo

se amontonan
escombros de sueño

sueño que muestra
la oscuridad comprimida
de su cuerpo nocturno

mientras en su centro
brota la luz

es allí
en el hueco del tiempo
recubierto de telarañas

donde tiemblan las horas

tus ojos
se han poblado de palabras

y muestran sólo
una sonrisa

suspendida de un hilo

otras palabras

aquellas que ocupan de manera precisa
el lugar que les corresponde

se anestesian a sí mismas

el poema tiene fiebre

y necesita descansar

Índice

© de los textos: Bartolomé Ferrando
© de la edición: EOLAS EDICIONES

Diagramación: contactovisual.es
Fotografía de portada: globalmoments / istockphoto.com
ISBN: 979-13-87753-75-7
Deposito legal: LE 26-2026
Impreso en España - Printed in Spain